JN439092

느낌표

느낌표

초판1쇄 발행 2020년 3월 17일

지은이 제근희
펴낸이 이길안
펴낸곳 세종출판사

주소 부산광역시 중구 흑교로 71번길 12 (보수동2가)
전화 463-5898, 253-2213~5
팩스 248-4880
전자우편 sjpl@chol.com
출판등록 제02-01-96

ISBN 979-11-5979-341-7 03810

정가 10,000원

이 도서의 국립중앙도서관 출판예정도서목록(CIP)은 서지정보유통지원시스템 홈페이지(http://seoji.nl.go.kr)와 국가자료공동목록시스템(http://www.nl.go.kr/kolisnet)에서 이용하실 수 있습니다. (CIP제어번호: CIP2020010622)

* 잘못된 책은 교환해 드립니다.

느낌표

제근희 첫 시집

세종출판사

시인의 말

새 생명이 용틀임하는 계절이다.
대지가 촉촉이 젖어
뿌리를 내리기 알맞다.
오늘을 기다리며
모았던 글들이다
부끄럽기도 하지만
이렇게 처음이 있어야
다음부터는
계절도 땅도 나의 글을 낯설지 않게
받아들일 것 같다는 용기가 앞섰다.
끊임없이 쓰는 힘, 그것이 글의 밑천이라고
격려해 주신 박미정 교수님과
글쓰기의 길을 인도해 준 이말례 시인께 감사드린다.
궁금해 하면서도 담담하게 지켜봐 준
큰 아들, 작은 아들 내외 가족과
기쁨을 함께 한다.

2020년 3월 5일

차례

시인의 말 • 5

1부

봄의 향기 14
서원의 뜰 15
새벽시장에서 16
바람에게 17
비닐포장 18
그날 아침 19
선서 20
자유 22
기억, 거기에는 23
미얀마에서 24
동백 26
수행 중 27
포착 28
찔레꽃 추억 30
오아시스 속으로 31

2부

갯벌 34
귀뚜라미 일기 36
나물콩쿠르 38
모래축제 39
박꽃 40
늙은 호박 41
장 담그는 날 42
나무의 노래 43
항아리보다 고전 44
아지랑이가 피면 45
방랑자 46
송정에 가면 48
무제無題 50
다시 해운대 52
울기도 좋은날 53

3부

가을 타는 여자 56
나목裸木 58
비 오는 날 60
미용실에서 62
그리움 63
봄비에 머리 빗다 64
향수 66
섬진강의 선물 67
함께 사는 법 68
언니의 바다 1 69
언니의 바다 2 70
주남저수지의물고기 72
선물꾸러미 74
다대포에서 76
등산길에서 77
꿈 78

4장

꽃길 82
연꽃 위의 이슬 83
고향집의 겨울애상 84
봄 도다리 85
오월에는 86
매미를 두고 87
가을꽃 피다 88
가을 들녘 90
익어가는 중 91
황매산 92
향기 93
기다림의 과녁 94
가을태풍 속에서 96
여름휴가 97
지금, 나의 노래 98
마당놀이 99

5부

첫눈 102

2월 풍경 103

봄, 104

주남저수지 106

가끔, 느리게 사는 것 107

인생 노정 108

구름 위에서 109

시장통 110

수채화 풍경 111

공룡알 112

벌, 그리고 113

세밑 114

몸살 115

만약에, 116

동판지의 영상 돌리기 118

| 발문 | 낭만적 상상력 • **박미정** 121

1부

봄의 향기

미나리에 우리들이 똘똘 뭉쳤다
흩어져 살던 동문들 모여
청도로 향해 봄의 전령을 만나러 간다

차창 밖에는 매화꽃이 화사하고
이야기 삼매경에 빠져서 생긴
홍안에
청춘이 돌아오고 있다

박장대소에 때 아닌 함박꽃
웃음 한 보따리
너도나도 할 것 없이
허리가 휘청거리도록 웃고 떠들고

동심의 냇가에서 물장구치는
옛날 소녀들
시간 놓고 노는 모습이 아양이다

서원의 뜰

유림의 글 읽는 소리 대신에
뒹구는 낙엽소리가 있다
가을을 빗질하는 작은 바람 속에
오래된 나무문이 삐꺽삐꺽
녹슨 나사소리를 내고 있다
햇살이
나뭇가지를 뜰 가운데 드러내고 있다
옛것을 취하고자 하는 것은
나의 곤궁이 아니겠지만
그리운 것의 하나다
묵은 먹물이 낡아서 희미한
목판의 세월을 감지하고
목례하는 그림자 흔들린다

새벽시장에서

이슬은

호박잎을 따라
시장 바닥에 앉아
가지, 고구마줄기와 가을이야기
한창이다

이슬은

예전 같이 붐비지 않는
시장 풍경에 당황한
홍당무와 붉은 고추를 달래고

이슬은

시장바구니에 실려나간
애호박 서너 개 자리에
다시 장場을 펴는
채소장사 할머니의 푸념을
쟁기질 한다

바람에게

나는
네가 편하다
커피 한잔 앞에
무심코 불러놓고 넋두리를 할 수 있으니

갑갑한 가슴 안에는
셀 수 없는 공간이
벽을 높이 쌓아놓고 있는 것을
보여주고 싶다

휘익
창문을 두드리는가 싶으면
사라져 보이지 않는
스산한 그림자마저 그립다

벽 없이 사는
너와는 다른
나의 삶에는
언제나 너의 노래가 빛나고 있다

비닐포장

흰 비닐포장을 뜯었다
정구지가 야들야들 웃는가 싶더니
아래로 내려갈수록 처져 앉았다
제대로 먹지 못 하고
시들시들 싹, 가신 맛
립스틱을 지웠다
희기는커녕 검푸르다

그날 아침

아날로그 알람의 줄기찬 아우성에도
강력본드를 붙인 것 같던 눈꺼풀
겨우 들은 체한다

반신반의하는 몸을 이리저리 뒤집고
먼저 설레발치는 마음을 뒤척거리다가
이불을 떨쳐내니 번쩍 뜨이는 눈
멍한
휘장을 척 걷어낸다

문턱 앞에 와 있는 아침을
서둘러 맞이하고
밥 짓는 손이 바쁘다

눈보다 손인지
손보다 눈인지
순서를 정하지 않고 일하던
부지런한 언니가 생각이 난다

선서

이른 봄이면 해마다 꽃을 사고
그 계절이 다 가기 전에
죽이기를 반복하다가

머리에 서리가 내리면
철이 좀 들까나 했더니
또 봄꽃 앞에 서성인다

손녀의 성화 때문이라고
일단 변명으로 마음을 다스리고
부끄럽지 않게 꽃집을 찾아 나선다

기다린 듯이
문을 먼저 나서는
예쁜 손녀의 손을 잡고

각각 제 이름표를 달고
방긋거리는 귀여움에
오감의 촉수가 오르내린다

가자!
우리 집으로!
이번만은 너도 생명이 길어야 하리

그러나 애써 살릴 일이 먼저다
곡비 같은 울음이
네 앞에 없으려면

자유

햇빛 한줄기 지나갈 때
풀잎에 앉아 졸고 있는 고추잠자리
소낙비 한줄기에 한기 든 여치
꽁지 묶인 잠자리 속박을 걷어차고
항해를 시작하는 저 먼 바다
떠남은 아쉬움을 남기고
하얀 물거품으로 피어나다
그리움 포효는

기억, 거기에는

눈이 시리도록 샛파란 물결에
저리는 가슴으로
하늘을 본다

높아서 무섭던 그 산이 어느 날부터
친구를 잃게 한 자그마한 저수지가
거의전부였다

바다는
하늘은
그대로 푸르고
높은데

기억의 거기에는
단발머리의 소녀가 슬프게 울고 있다
까마득히 먼 산언덕을 쳐다보며

미얀마에서

맑은 수정체 반짝반짝
천진난만한 예쁜 눈

작은 손으로 숨기는 수줍은 미소는
손등에 까만 때 있던
그때를 떠올린다

태양보다 뜨거운 아스팔트는
부서져
그 손
맨손마저 빌려 쓰는 가난에도
웃는 아이들

무엇을 알아들었는지
무엇을 말했는지
몰라도 좋은
우리 사이

카메라 렌즈를 맞추는
초점 앞에 나란히 섰다

찰칵

나의 지난 과거 같은
오늘의 미얀마 아이들은
앨범 속으로 한 편의 시가 되어 떠난다

동백

해풍이 흔들어도
깊은 뿌리를
건드리지 못하니

자유롭게 살겠노라
부르짖는
울음의 빛깔인가

선연하여
더 슬픈
동백꽃 모가지

수행 중

라오스에서 도시를 떠나
산속 깊이깊이 걸어 들어가면
수없이 많은 사원을 만난다
회색먼지를 아랑곳 하지 않던
스님의 탁발 행렬이듯

소톱 밑에 까만 때가 있던
작은 소년이
스님 가시는 끝자락에서
두 손을 가지런히 모으던
인상 깊은 길 위에서

붉은 도포, 묵언의 수행으로
이루어지고 있는 자비
그 길을 다시 담고 싶은
나는,
전생에 누구였을까

포착

출사를 준비한다
흑연이 매끄럽게 나가는
연필을 챙기고, 메모지를 구겨 넣다가

누렇게 변한 공책을 찾아 꺼낸다
형상화 하고 싶었던 게 있었는데……

검지 손가락만한 칼에다
연필심을 갈면서
렌즈의 초점을 어디다 둘까 쿡쿡 찔러댄다

아무래도 책상 앞에
제대로 앉아야겠다

그래, 맞다
촉이 숨어있는 감정을 한자락 놓고
바위덩어리를 밀어내 보자

대장간에서
붉은 불 앞에 뜨겁게 두드리는
쇠소리가 들린다

찔레꽃 추억

얼마나 모질었으면

찔레꽃 가시도 두려움 없이
쓰윽 껍질 벗겨 아작아작 씹었을까

입속의 향기보다 고픈 배를 위로하기 위해

위험을 불사하고 아마도 그랬을 거야
저렇게 예쁜 꽃을

오며 가며 툭 툭
흔들다가 톡 잘라 먹던 보드라운 꽃대는

이제는 내 가슴에 그대로 우러나
찔레꽃 새순향기 추억을 꽂고

어머니가 따다준
그 꽃잎에 목메어 쓰다듬고 울었어라

오아시스 속으로

골목의 카페는
도심 속에 오아시스를 바친다
그윽한 커피향을 머금은

문을 열면

쉼의 휴식이 즐비하다
불빛아래 한권의 책
졸아도 좋은

봄날에는

바쁜 핑계를 접고 가볼 일이다
볕 바른 창가가 아니면 어때
향기가 솔솔 커피를 끓이는

그 자리에 앉으리라

2부

갯벌

바다가 밀려 나갔다
호미 들고 나섰더니
갯벌이 꼬물꼬물 움직인다

잔돌 아래 집짓고 살던
바지락이 빠져나오는 소리에
뚫리는 벌판의 구멍들

바구니에 채워진다
엿보다가 옆걸음 치는
게

잡아볼까 말아볼까
재미 붙은 넋
밀물에 엉덩이가 빠진다

취한
취객이 따로 없다
갯벌에 제대로 걷는 것은
바람뿐

아니다 바람마저 취한
저녁을 위해
갯벌을 깔고 붉은 게가 삶기고 있다

귀뚜라미 일기

꽉 막힌 창을 뚫고
머리말 어느 구석에 자리 잡았다
아, 벌써?
침대 위아래 훑는다

귀뚜르르 뚜르르귀

손가락 하나보다 작은 고것
울대가 어디 있는지
귀청을 따갑게 폴짝 거리고
눈에 드러나지 않고

귀뚜르르 귀 뚜르르

며칠을
우는 쪽으로 귀를 기울여 봐도
보이지 않고
내 귀만 뚫는다

참,
멍청한 가을잡기를 놀리듯이
등 뒤에서 목덜미 가까이에서
귀뚤귀뚤 소리가 청명하다

나물콩쿠르

손톱 밑이 새까맣게 물든
할머니의 손끝이 시장 귀퉁이에
전을 편다

따라 나온 나물들
신나는 노래가 소쿠리마다
울려 퍼진다

가난한 살림살이 보챌 때마다
위로가 되어준
장터의 구경거리였다

오일장 한 바퀴 둘러 나오면서
들어서다 눈 점, 찍어 둔
할머니의 소쿠리를 무대삼아

콩쿠르를 벌이고 있는
명물들은
떨이했다

모래축제

바다이야기를 알고 있는
은빛모래위에
축제가 열렸다

작가의 열정이 여름 볕을 달군
창작의 광장이 된 백사장에는
모래꽃 향기로 찼다

나도
이세상의 한 낱 모래로
세상을 꾸미고 있는 것
그래서 모인 우리들이 있다

지그시 누르던 그리움도 희미해지고
가슴을 무겁게 하며 지워지지 않던
슬픔도 삭는
위험한 낭만에 나를 빠져들게 해놓고

모래는
해안선을 유혹하며
부산, 해운대를 즐기고 있다

박꽃

여름밤 초가에 핀
하얀꽃

더위가 모여앉아 부채질 할 때
살포시 순한 미소
수줍은 얼굴
가난한 어머니를 웃게 했었지

연달아 피어나면
연달아 웃고
흥부네가 기다리는 박타는 소리

지붕위의 하얀 꽃
여물어 간다

늙은 호박

등글고 노오란 속에

사리처럼 박힌

단단한 그리움

가을볕에 엎드려

제살 먹여 키운 씨앗

촘촘히 묻어두고

설움과 외로움도

세월 속에 둥글어졌네

장 담그는 날

멀찍이 밀어내고 몰라라 했던 주방에 들어섰다 손녀에게 보여 주고 싶은 솜씨 자랑으로 장을 담그기로 마음먹었다 메주 앉힐 항아리를 윤기 나게 씻어 새댁처럼 얌전히 앉혔다 소금 풀어서 앙금 걷어낸 물을 기다리는 중에 뜬금없이 참으로 어이 없이 쏟아지는 비를 어찌 할꼬, 장 담기 좋은날에 불청객이다 하지만 그것은 위태한 것은 아니다 아직 살아있는 입 맛, 향그럽다

나무의 노래

얼어붙은 땅을 헤집고
싹을 틔운다

억센 바람의 육탄도 받아내어
줄기를 다듬고 있는
물오르는 소리를 기억하는
해풍

밭고랑마다 윤기를 내며
쟁기질 한다

짭쪼름한 갯내 속에 피는
해당화 서너 그루
과수원 언덕에서 노래를 부르고

과실나무마다 토실토실
열매를 약속하는
움트는 봄, 나무의노래
과수원에 있다

항아리보다 고전

거칠고 메마른 흙
고르게 받쳐 준
손을 거처
갈빛 옷을 입게 되었네

햇빛 잘 드는 곳에다 앉혀주는
마음을 거쳐
간장 맛을 읽어 가는
나는

항아리보다 고전이라는
항아리 속맛을
채우는 일로
오늘을 살고 싶다

아지랑이가 피면

아지랑이가 피면
누군가에게서 걸려올 전화를 기다린다
누군가는 나도 모르는 3인칭일 뿐
누군가를 기다리는
폰을 손에서 놓지 못 한다
나도 몰래 붉어지는 얼굴
아지랑이가 피면
그리움을 펴 놓는
폰, 너는 아느냐?
누군가에게서 울려 올
벨소리를 기다린다
언젠가 받았던 적이 있는 전화가
벨을 울리지 않을까
마음은 두근거리고
아지랑이는 밖에서 모락모락 핀다

방랑자

새벽녘에 살짝 피는
찔레꽃 향기이고 싶다

배낭 하나 둘러메고
해리포터의 세계가 열리는
도서관의 딱딱한 의자에 기대어
낡은 종이속의 여행을 하고 싶다

지금까지 바라본
한 곳의 디테일에서 빠져나와
타자의 시선으로

나는 자유로운 영혼으로
그들을 보고 싶다

송정에 가면

등대는
바다 끝 포구에서
먼 수평선을 향해 섰다
갈매기의 알 수 없는 괴성에
출렁이는 바다는 파랗다
소리에 못 이겨 지느러미를 쳐대는 물고기
눈부시게 웃어 재킨다

수면 위에 떨어지는 정오의 햇살이
잔잔해질 때까지
포만감을 겨워하는 파도는
수시로 체중을 빼는지
끄르륵 내려갔다가
후다닥 올라오기를 되풀이 한다

수평선은 멀리서 고요한데
해안선은 줄을 그었다가 지웠다가
바다를 다 알고 있다는 듯
까불고 있다

무제無題

무작정 떠난
길 위의 여행에서 멈춘
동해 앞 저만치
물구나무를 섰다가 사라지는 물갈퀴

아무 일 없다는 듯 출렁거리는
바다위에
망원렌즈를 고정시키고
내 마음은 바다 밑을 수소문한다

잠잠하다

나는
보여주지 않은 네 마음을 잘 안다고
텅텅 큰소리를 쳤다가
아무것도 몰랐음에 더 슬펐던 죽음을 생각한다

바다는
항상 여운을 주었다가
싹 지워버리고 사라졌다

가까이 갈 수 없는
그 이후의 두려움에 갖다 대는
카메라 앞에 동그라니 까만
바다가 떠올랐다

망태기에 담아 뭍에다 놓을 때까지
까만 점 하나가
전부 바다였다, 그날

다시 해운대

사랑은
사라졌는가 싶다가도
수면 위에 떠올라
그립게 한다

해운대의 백사장에서 한
신혼의 언약을 부리나케 보고 싶던 날
파도는
발자국을 뭉개고 있어
실없이 돌아왔다

다시 찾은 날
바다는 그대로 있는데
쓸려간 사랑은
썰물이 되어도 아무 대답이 없다

메아리가 없는
그리움을 향하여
파도치는 것은 순정
해운대의 사랑 속에 있다

울기도 좋은날

회색이 짙은 하늘을 멀리하고
내리는 비, 울기도 좋은 날입니다
장대같이 쏟아지는 걸 보면
억수로 참았다 터지는 비분강개인가 봅니다
굵은 빗줄기를 감당하다가
환하게 벗겨지는 하늘은 더 슬프게
굳어있습니다
줄기찬 빗줄기를 밖에 두고
우울을 핑계 삼아
글을 두드려 깨워 봅니다
일어난다고 누가 말리지도 않겠지만
나보다 더 영악한 글
나올 생각이 없나 봅니다
갑갑한 마음에 엉엉 소리 내어 울어도
아무도 모를 일입니다
이제는 빗줄기가 해거름 속
두려움을 핑계 삼았는지
줄기차게, 참 울기도 좋은 날입니다

3부

가을 타는 여자

하루일 들고 앞서거니 뒤서거니

현관문이 열리면 나만의 자유는

가을 향기의 자극으로 길 위에 닿는다

아름다움을 뿜어내는 나와

나를 기다린 단풍의 춤사위

호르륵 호르륵

바람을 타고 흩어져 날아, 사뿐사뿐

박수를 쳐 댄다

네가 나에게, 내가 너에게

보여주는 의상이 화려하다

유달리 짙은 립스틱을 자꾸 그려대는

여자를 닮았다

나목裸木

계절을
견디고 있는
창 밖 사연을 물끄러미 본다

살아온 날
가벼워지는 것이
무거웠던 적 없었으나
벌거벗은
나무를 보며

나는
가눌 수 없는 무게를 느낀다

바람이 분다

떨어질 잎새조차 없는
나뭇가지가
바람의 길을 비켜내고 있다

자연이 빚은
나무의 벌거벗음은
그대로 기도며 경전이다

계절을 견디고 있는
창 밖, 사연을 물끄러미 본다

살아온 날
가벼워지는 것이
무거웠던 적 없었으나

벌거벗은 나무를 보며
나는
가눌 수 없는 무게를 느낀다

그대로 기도며 경전으로 보이는
나무의 벌거벗음은
자연의 철학이다

비 오는 날

우산을 받치지 않은
창밖의 빗물
소리를 죽이고 내린다

바람이 방황하는
느낌표 같은 흔들림에
빈 마음으로 나서는 오후
불빛은
아직
모호하여 흐릿하다

공허란
스스로 죽이기를 하는
자책이 아닐까
생각되는, 비 오는 날

마른 풀잎의 건조함이 사라지는 것과
비례하여 커지는 그리움
독백을 토吐한다

미용실에서

창포물에 감듯이
한 올 한 올 가지런히
그랬으면 좋으련만

오징어 먹물에다
롤 속에 매달리는
머리카락 처신 보소

묻어나는 열기로
무엇이 될까
거울 속이 궁금한데

누구의 취향인지 그리워지는 7080
벽걸이 오디오가 한창 열을 올린다

잘려나간 머리카락을 쓸고 나가는
새내기의 빗자루 질 먼지
이러저런 생각에 뒤엉킨 거울 밖

머릿결의 나염이 부드러울 때
먹통을 떼 낸 오징어
잘도 삶아져 접시에 올랐다

그리움

그 청춘은
봄날이었네

아지랑이처럼 피었다가 사라지는
나비처럼 훨훨 날았다가 사라지는

꽃인가 하여
꺾으려다 보면

더 멀어져
아련하기만

봄날이었네
그 청춘

봄비에 머리 빗다

하얀 물보라에
수양버들은 허리를 꺾으며
연둣빛 머리를 빗는다
호수 위의 나무그림자들이
모두 출렁거리며 머리를 빗는다

할머니는 이런 날
작은 거울을 방바닥에 붙여 놓고
참빗으로 머리를 빗으셨다

나는 엉클어진 머릿결을
이리저리 빗 끝으로 갈라 보면서
하얀 물이 배여 올라오는 머리카락을 찾는다

봄비다
지난해에 못 봤던 그것에다
칼날을 대어 베어 버려야 할까

나도 버들가지처럼 유연하게 허리를 꺾을 일이다

할머니의 유산 같은 참빗으로
지나간 세월을 돌이키며
하얀 물보라에 갈색빛 덧칠이 어울리게
살 일이다

향수

진달래 찾아 산을 헤맸다
망개열매 실에 꿰어 목에 걸고
천방지축으로 까불고 놀던
내 고향의 산언덕은 놀이터였다
낮에는 새들이 왁자지껄
밤이면 반딧불이 와르르 떨어지면
밤송이를 줍듯이 불을 주웠지

청마루 아래 작은 댓돌
뛰어 넘어 오르다가
고무신 두 짝 가지런한 날 없어
마루 밑에 들어가면
기어가서 찾다가 머리 찍는 소리에
부모님 애간장을 다 태웠지
까만 고무신은 하도 질겨
몰래몰래 금 가도록 찌르기도 했지

섬진강의 선물

섬진강의 아침은 햇살과 조우하며
부지런히 낯을 씻고 있다
언제 재첩은 강바닥을 훑었는지
뽀얗게 속을 드러내 놓고
해장국을 대신 한다
새벽에 나선 시장기가 핑 돌다가
싹 가셨다
무지개가 떴다고 밖이 난리법석이다
동쪽과 서쪽을 잇고 있다
아, 단풍의 빛깔과 같은 저 일곱 색
저절로 가슴이 뜨거워지는
섬진강의 아침이다

함께 사는 법

낙동강의 새벽바람을 쐬러 나온
달팽이들과 만났다
처음에는 낯선 일이라 반가웠다

발을 들려다 놓을 빈 틈 없는
이동,
나는
돌아가지 못하는
달팽이의 마지막 여정에
비석을 꽂고 돌아섰다

다음날부터 하나씩 수풀 속으로 옮기는
혼자만의 작업에 들어갔다

풀잎은
이슬을 방울방울 떨어뜨려
달팽이의 호흡을 살려내는 것 같다

언니의 바다 1

물때 맞추어 바다를 캐어 새벽을
머리에 이고 장터에 갔다
허기진 배를 막걸리 한 사발로 채우고
노을을 보고 걸어가던
언니의 젊음은 세월 속으로 가고
이젠 이순을 갓 넘었으나, 끝나고 말았다

다도해가 아름답던 그곳
아름다운 다도해를 보기나 보았을까
한참 행복해야 할 시간에
병상에 있으면서, 그래도
부부의 정이 유달랐기에
가끔 보는 것으로도 웃을 수 있었는데

언니의 바다 2

– 아우성

아직도 빠져 나오지 못한
그때를 잊고 싶어

창을 짚고 허공을 본다.
까마귀의 울음이

못 다한 말 목구멍을 틀어막고
눈앞에 폭풍이 몰아쳐

암흑이 된다.
바람에 등겨 날리듯

훽 날려 버리고픈
저승에서나 있을 슬픔도 억울함도

이젠
이 겨울의 정적이 깨고

다시
언 땅이 풀리고 나면

꼭꼭 묻어버려야겠다.
다시는 비집고 나오지 못하게

주남저수지의물고기

목선은
오래된 막대기 하나를
짚고
수렁을 빠져나간다

호수 가운데 일어나는
파문을 잠잠히 가라앉히고
짙게 깔리는 안개

낡은 그물을 깁는다

후후 불어대던 입김은 사라지고
시린 바닥을 차고 오르는
물고기의 비늘이 날카롭다

선물꾸러미

손에 잡힌 것을
놓지 않고 싶을 때
운명이라고
희망과 희열로 변명한다

그러나 변명이라도
하고 싶을 때
욕망이 있는 것이 아닌가

살아가는 것은
삶이다
삶으로 살아가는 것 또한
운명이라고 한다면

놓으라고 말하고
비우라고 말하는
나는,
얼마나 놓고 비우며
살았을까

명절날
나누는 덕담 꾸러미는
찬란한 선물이다

변명이 필요 없고
비우고 털어내기가 없는
솟아나는 마음에서 보내는
마음의 전령이다

다대포에서

포말 위로
산산이 부서져 들어온다

바다 끝에서
물장난하는 나의 손가락 사이로
붉게
빠져나가는 노을

해안선에 눈부시게 닿았다가
사라지는 것을 쫓아
쪼는
갈매기의 부리도 붉다

이별의 입맞춤이라면
너무 서러운
다대포의 저녁, 어느 날이다

등산길에서

백양산 오르는

가쁜 숨

제비꽃 반김에 저절로 편안하다

힘들면

쉬어가라 눈짓을 하였는가

꽃을 따라 앉으니

나도 꽃이든지

날아드는

봄바람은 벌인 듯이 맴돈다

꿈

누구나 가지고 있을 것이다
나에게도 꼭 필요한

한가지……

미래를 채울 꿈 하나
있다

파도들이 깨우는 아침에
창을 열고

커텐을 반쯤 젖혀도
아름다운 햇살이 눈부신

방……

파도가 뜨겁게 왔다가
갔다가 하는 소리를

선율 삼으며 사는
노후의 전경을 맞이하고 싶다

4장

꽃길

꿈속에서 꿈틀거린다
따뜻한 푸른 날의 찬란한 꿈
산모퉁이를 돌아가며 애틋하게 뒤돌아본다
아쉬움의 눈망울이여 청춘의 꿈이여

가라, 그러나
나만의 분노를 통틀어 가라
봄날, 화사한 꿈을 다시꾸리라

연꽃 위의 이슬

연잎위에 또르르
구르는
은방울

속세의 인연처럼
반짝반짝
풍경소리

왔다가 사라지는
흔적이라
하여도

적멸의 세상
보았노라
새벽에

고향집의 겨울애상

산 아래 초가집엔
지붕보다 높은 굴뚝이 비스듬히 있었다
연기가 오르면
밥 생각에 발걸음은 날개 돋고
싸립문은 벙긋이 입을 열고
기다리고 있었다

어머니의 손에서 열리는 가마솥에는
보리밥위에 고구마가 한 맛 더하여
가을걷이가 끝난
겨울을 따뜻하게 했다

지금은 계절을 잊은 길 위에
나무는 산짐승의 표적을
막고 섰으나
연일 출몰하는 멧돼지와 그리고
고향집의 안팎은
쓸쓸한 풍경으로
옛일을 그리워하고 있다

봄 도다리

창틀에 맺힌 은방울 한톨
봄을 부른다

꽃망울 머금은 매화
잔잔히 터지는 산수유

한잎
물방울에 잘도 웃는다

아로니아 나무 옆에
정자처럼 앉아 놀다가

한나절 쑥을 캐면
언덕배기 훤해지고

수평선 뒤에 두고
달려오는 봄 도다리

저어기 저어기
달려온다

오월에는

딱히 오라는 곳, 갈 곳도 없으면서
떠나야만 할 것 같은 조바심에 떠밀려
배낭을 급하게 챙긴다

집시의 떠돌이가 아니다
오월이면
가만있으면 안 될 것 같은

연둣빛에 이끌려 너른 들판을 가로 지르고
낯선 계곡 어느 메 쯤 눌러 앉아
신록이 오는 소리를 듣고 싶다

매미를 두고

아파트 창살에서 날개를 비비고 있다
이슬만 먹고 갈고 닦은
청아한 소리가 고스란히 묻어 있다
애처로워 보이는 네 모습
콘크리트 벽처럼 무겁다
돌아가서
오케스트라의 하모니가 되라
차갑게 창을 닫는 건
외면하면
너는 푸른 숲으로 가겠지
이유 있는
냉정한 인간의 작은 헤아림이다
매미를 구할 수 없는
벼랑 끝의 여름
매미를 구하기엔 이미 늦었다

가을꽃 피다

하늘은
저리도 고운빛깔
어디에 두었다가 펼치는 걸까

눈부시게 하얀
양떼의 들판처럼 푸르기도 한

산 아래 꽃들은
저마다 울긋불긋 물들었는데

맑고 푸른 꽃
한 송이, 그리워지면

아이야,
가만히 올려다 보렴
저 하늘을

가을 들녘

운무는 산등성이를 내려왔다가
가을볕이 들기 전에
화들짝 떠났다

길가에
들꽃이 피운 꽃향기
이름을 몰라도 좋은

벼가 익어 가는 날
몇 번이나 옷을 바꾸어 입은 메뚜기
팔짝 팔짝 뛰는 들녘

어머니가 차린 밥상에 피던
웃음의 지난날처럼
황금빛 메아리가 그립다

익어가는 중

비 오기 전 우주 전체가
욱신거린다
결국 쏟아지는 빗줄기처럼 급하게
두 다리는 엉거주춤하던 어리광을 잊고
장독대로 질주한다

태풍이듯 밀어 닥치는
어머니의 황혼빛 미소
콩 익는 냄새에
뚝 그치는 소낙비
장독 뚜껑을 마름질한다

황매산

밤새도록 내린 비에
지치지도 않았는지
오라오라 손짓하는 멋에 반하여

이리저리 찍어대면
붉은 꽃 철쭉만 앞으로 세워주고
두어 걸음 뒤에 서서 웃을 뿐

세상에
이렇게도 과묵한
산주인이 있다든가

붉그락
푸르락
산자락에 부는 바람

황매산이 건네는
한잔
술인가 싶더라

향기

머그잔에 담긴

향기 그윽한 아침이 좋다

커피 향기에 따라 들어오는

햇살의 온유함

나는

어떤 향기를 머금고 있을까

향기를 드러내지 않은

작약의 짙은 빛

시와 만남을 자연스럽게 하는

여자이고 싶다

기다림의 과녁

기억 안에 깊어가는
연민은

짙은 안개비가 앞을 가려도
햇살의 푸른 눈 속에서처럼
동화적인 발걸음으로 걸어 나온다

습관처럼 당기는 기다림이지만
과녁이 없다

그러나 수없이 많은 화살은
시위를 당기는 꿈을 멈추지 않고

과녁의 동그라미를 만드는
안개가 자욱하다

가을태풍 속에서

코스모스는
가을태풍의 혼동과 무질서 속에
흔들린다
시간은 시계바늘의 궤도만 돌고
세월은 버틴다고 되는 것이
아니라는 것을
반평생을 넘길 때
넌지시 가르쳤다, 나에게
아무리 막아도
바늘구멍 하나라도 뚫린
둑은 무너지기 마련이다

여름휴가

소리를 그늘삼아
땀을 닦는 한나절은 시원하다
죽기 살기로 부르는 노래가

아우성으로 들리는 밤
모기 떼 조차 외면하고
극성을 부리는 통에
모기장 안으로 숨어들었다

방음벽이 없는
자연 숲속의 구멍 뚫린 하룻밤

7년의 세월을 기다린 목청이
이겼다
동그란 이슬은 아름답기야하지만

지새운 동그란
눈이 아프다

지금, 나의 노래

해풍의 언덕을 딛고 선
매실나무는 풍성한 열매를 달고
다문다문 심어놓은 하얀 꽃 아로니아
실크같이 보드랍다

햇살은 아침이라는 보약을 들고
나무들의 키 재기에
한창 푸르름의 거름주기를 한다
지금
나의 봄은 정열적이다

마당놀이
– 동래야류

양반굿이 떠들썩하다
양반을 풍자한 굿판이다
상놈과 양반이 다 사라진 세상에서
벌이는 웃음판의 마당놀이
양념처럼 등장한
애첩의 애교에
할매, 심달래는 죽는다고 야단이다

앞소리를 하는 상두꾼
후렴을 구성지게 하는 상여꾼
주렁주렁 달리는 노잣돈
상여를 탄, 떠나가는 혼
저승길을 가면 못 오는
그 길의 재현에는
숙연한 잿빛이 깔린다

5부

첫눈

지천으로 퍼져 나가는 향기
무無
소리 없이 쌓이고 있다

사찰의 장독대가
된장 맛 하얗게 익히고 있다
조상 대대로 내려오는 맛
유有

순수의 맏물
눈目 부시다

2월 풍경

나무는
지난 추위도 삭가시고
봄볕 마중에 나섰다

웅크리고 앉은
방구들은
아직 뜨겁고

무거운 외투는
비싼 무게를 과시하는데
싹을 틔우는 기세등등한

창밖은
벌써 봄이다

봄,

봄 오는 것은
눈이 보았는데
오두방정을 뜨는 것은 마음이다
무엇을 어쩌겠다는 것인지
손에 일이 잡히지 않는 것은
눈 탓인지
마음이 탓인지
마음을 깨뜨려 본다
아무것도 없다
그저 좋다는 울렁거림 밖에

서둘러 카메라를 들고 나온다
삐죽삐죽 연둣빛이 핑 도는 나뭇가지가
폼을 재고 있다
한 컷 해 줘야지
봄,

주남저수지

날갯짓이 그려 놓은 허공
새의 빛으로
함께 온
겨울이 있다

갈대가
뿌리를 내리게 하는
강물 곁을
떠날 수 없듯이

때가 되면
찾아오는 철새의 방문을
막지 않는 주남저수지를
해마다 이맘때 찾아가

카메라를 갖다 대고
렌즈를 확대하며
인터뷰를 요청해보지만
자연그대로 보여 주는 것밖엔

가끔, 느리게 사는 것

궂은 가을비 끝에
습도보다 높아진 건조증
온몸을 지그시 누르지만
마음 한 가닥 이불을 떨쳐내니
백조의 여유로운
날갯짓이 보인다

강변을 따라 흐르는
풀물의 푸른노래를 들으며
상쾌한 아침의 선율을 포켓 속에 넣고
만지작거리던
게으름의 휘장을
엎드려 접는다

인생 노정

한 방울 빗줄기에

풀숲에 살던 풍뎅이

또르르 굴러 떨어지고

하얀 물보라 바위 어루만지며

쟁기고동은 죽은 해파리

썩은 냄새를 맡는다

구름 위에서

구름이 눈 아래에 있다
날카로운 비행의 몸뚱아리 속에서
내려다보았을 때
내 눈을 똥그랗게 한, 새털

나는
황홀한 작품 속으로
날아가는
한 마리 새가 되기 위하여
그 깃을 탐냈다

손오공의 양탄자를 탄 듯
꿈꾸듯이 빠져나갔다가
돌아와 있는 구름 위에서
동화 같은 시 한편을 썼다

시장통

산그늘 뒤집어쓴 막걸리 한 사발에
취기가 오르고
석쇠에 올려 진 조개구이가
삐죽삐죽 입을 벌리며
맛을 개어 내고 있다

이것저것 비벼 마셔도 좋은
시장통
장바구니가 무거워지고
절여지는 흥정에다 고춧가루 뿌리는
해거름은 발걸음을 재촉한다

수채화 풍경

수심의 깊이를 알 수 없는 바다는
해를 한입 베어 물고
오색 무지개를 건져 올린다

누군가 버리고 간 장독대
깨어진 뚜껑 옆에는
앉은뱅이 한 송이 피었다
곁을 맴돌던 호랑나비

한 마리

거드름 피워 물고
몸 비늘 털털 털며
짧은 만남 아쉬움 남기고
훌훌 날아갑니다

공룡알

가을걷이 끝낸 들녘
동그랗게 하얗게
남겨진 공룡알

뛰어놀던 메뚜기
날개 떨어져
땅속으로 숨고

논둑길 넘어 길 끝에는
상처에 덧난 멍처럼
스믈스믈 긴 그림자 지운다

벌, 그리고

못 다 핀 매화꽃
여름비처럼 짜락짜락 내리는 날
봄비에 흔들리다 떨어진다

벌침을 들고 나오던 벌, 아뿔사
단 맛이 싱겁다

날개를 접고
차라리 벌통 속으로 들어가 버리자
얼른

달콤한 세상천지
같은 통속이 편하다
매화꽃, 그 잔상을 떠올리며

세밑

켜켜이

가슴에다

쌓아둔

두음 덩어리를 태운다

진한 거름 냄새로

윤기 나는 터를 닦는다

몸살

아침을 거르고
정오를 비켜
강도 3.3 정도의 지진 같은
몸살이 가라앉을 즈음
밀가루를 주물었다

나의 혀가 기억하는
멸치를 우려내고
감자를 벗겨놓고
뽀글뽀글 김이 올라올 때
반죽은 다이빙을 준비한다

띠리리링 띠리리링
가시내, 옆집 건너 여기까지
우찌 알고……
퍼득 온 나, 와서 묵고 가거 래이

만약에,

– 벚꽃을 보며

달리는 자동차 바깥 거울 안으로
뒤따라 뛰어오는
꽃잎 하아얀

멈추어

달래어 돌아가게 해볼까
망설이는 마음속

추억은 송이송이

되돌아 갈 수 없는 길 빠져나와
까마득히 떨어져 아득하기만 한데

만약

속도의 조절로 될 수 있다면
꽃잎은 나뭇가지 울음 곁으로

나는

아득한 그곳
작은 소녀가 될래

동판지의 영상 돌리기

목선을 타고 나가
던진 그물에
걸려드는 새벽은
하루의 용틀임이다

화들짝 놀란 왜가리 떼 날갯짓에
비늘을 털고 일어나는 어치 떼
허공 속으로
바람을 빠져 나온다

빠르게 노를 젓는
아침 햇살에
물결은 은빛금빛으로 술렁이고
그물타기를 즐기던 시간은
술술 풀려나가 정오를 맞이한다

| 발문 |

낭만적 상상력

박미정 | 시인·평론가

1

시인은 자유로운 상상력으로 그의 작품 속에 개인적 존재의 경험을 표시하는 것이다. 시인의 작품 속에 현재적 삶을 표현할 때는 다분히 직면한 상황의 영향을 받지 않을 수 없다. 그것은 현실에 대한 반응일 뿐만 아니라 개인의 재발견이라는 궁극적 측면을 제시하는 것이기도 하다. 그러므로 시의 창조란 개인적 체험과 개인적 철학의 정서를 거치고 나오는 것이라 할 수 있다.

제근희 시인의 첫 시집 『느낌표』는 시편 77편을 5로 나누고, 지향성 태도는 일반적으로 현실에 대한 반응과 과거지향, 자연을 이미지로 낭만성을 선호했다.

특히 「바람에게」에서 바슐라르가 바람을 달리는 말과 결부시켜 그 역동적이고 상승적인 속성을 지적했던 것처럼, 시인의 심정 상태에 따라 바람의 의미 표상을 구축하는 낭만적 패턴은 시인의 고독하고 외로운 심사가 반영된 것이라 판단된다.

2

나는
네가 편하다
커피 한 잔 앞에
무심코 불러놓고 넋두리를 할 수 있으니

갑갑한 가슴 안에는
셀 수 없는 공간이
벽을 높이 쌓아놓고 있는 것을
보여주고 싶다

휘익
창문을 두드리는가 싶으면
사라져 보이지 않는
스산한 그림자마저 그립다

벽 없이 사는
너와는 다른
나의 삶에는
언제나 너의 노래가 빛나고 있다

―「바람에게」 전문

이 작품 도입부 분위기는 시인의 심리적 고독에서 출발하고 있다. 1연에서 "무심코 불러놓고 넋두리를 할 수 있으니"라고 하여 자연과 친숙한 관계를 드러내고 2연에서 "보여주고 싶다"라고 하는 고백적 태도로 이어진다. 이러한 상태는 인간 상실이 아니라 인간 회복의 메시지라는 의미를 지닌다고 여겨지며 3연에서 "휘익/ 창문을 두드리는가 싶으면/ 사라져 보이지 않는/ 스산한 그림자마저 그립다"에서 이러한 인식은 4연에서 "너와는 다른/ 나의 삶에는"이라고 하여 실용적 생리적 욕망이나 목적과는 전혀 관계가 없다는 점을 밝히고 있다. 더 나아가 "나의 삶에는/ 언제나 너의 노래가 빛나고 있다"라고 하여 정신적 에너지로 작용하여 자연과 인간의 조화를 지향하는 경지에 이르고 있다. 결국 시인의 의식은 구체적인 자연에 대한 시적 자아를 상징하려는 의지를 이끌고 있는 것이다.

이러한 의지의 원리는 「비 오는 날」에서도 나타난다.

우산을 받치지 않은
창밖의 빗물은
소리를 죽이고 내린다

바람이 방황하는
느낌표 같은 흔들림에
빈 마음으로 나서는 오후
불빛은
아직
모호하다

공허란
스스로 죽이기를 하는
자책이 아닐까
생각되는, 비 오는 날

마른 풀잎의 건조함이 사라지는 것과
비례하여 커지는 그리움
독백을 토吐한다

— 「비 오는 날」 전문

이 시에서 '빗물'은 생명력의 한계에 대한 좌절과 상실을 나타내는 것으로 볼 수 있다. "소리를 죽이고 내린다"는 시적 화자와 대등한 관계가 아님을 인식하게 한다. 그러나 '바람이 방황하는/ 느낌표 같은 흔들림에/ 빈 마음으로 나서는 오후"에서는 시적 화자는 '빗물'보다 '바람'을 상위 관계에 두고 이 시의 반전을 꾀한다. '빗물'과 '바람'의 내부의 동요적 차이는 '죽이고'와 '흔들림'이다. 이러한 이원 대립을 설정하고 '공허'라는 이미지 하나로써 포괄하려는 묘사기법은 서정시가 갖는 독특한 영역을 구축했다고 평가된다. 자기 연민의 애상적 카타르시스를 드러내는 간결한 표현의 울림은 "독백을 토吐한다"이다. 고독의 정조를 살리려는 다양한 표현 기법이 드러나는 것이 하나의 특징이다.

다음 시 「가을 타는 여자」는 '여자'라는 대명사를 차용하여 시인 자신의 심정을 투영하여 표현하는 정서를 드러낸다. '현관문'은 '자유'를 드러내는 방법으로, 최우선적으로 메타포를 사용한다.

하루일 들고 앞서거니 뒤서거니

현관문이 열리면 나만의 자유는

가을 향기의 자극으로 길 위에 닿는다

아름다움을 뿜어내는 나와

나를 기다린 단풍의 춤사위

호르륵 호르륵

바람을 타고 흩어져 날아, 사뿐사뿐

박수를 쳐 댄다

네가 나에게, 내가 너에게

보여주는 의상이 화려하다

유달리 짙은 립스틱을 자꾸 그려대는

여자를 닮았다

—「가을 타는 여자」 전문

"현관문이 열리면"에서 시적 화자는 '열다'의 원형에서 수동적 요인을 사용하여 '자유'의 결정적 계기를 만든다. 이런 시적 분위기는 외향적 세계를 스스로 지향할 수 없었던 심리적 갈등을 "열리면"이라는 인식에 이르렀을 때, 한 국면으로 삼고 밖으로의 출구를 허용한다. 전체 12행 중에서 3행부터 12행까지 현재의 상황을 수긍하고 자신의 감정 이입의 대상으로 '자유'를 떠올린다. 시적 화자의 내적, 외적 자아의 모습을 엿볼 수 있다. 화자의 시선을 따라가면 자유에서 행복한 현실을 유추해 볼 수 있다. "흐르륵 호르륵" "사뿐사뿐"과 같은 의태어를 통해 경쾌함이 드러나고 "유달리 짙은 립스틱을 자꾸 그려대는" 감정이 밖의 세계로 향하고 있음을 말해 준다. 하지만 종결부에서 "여자를 닮았다"라고 하여 제약을 받는 존재임을 분명히 하고 있다. 이러한 언급은 이 작품의 중심이라고 할 수 있는 '나'는 전형적인 '여자'의 모습을 표출하고 싶은 심정으로 해석할 수 있다.

특히 시인은 자유의 심상을 통해 센티멘털리즘이나 다양한 정신적 편차를 보여주고 있다. 『동백』의 직설적 상황 묘사와 『자유』의 인위적 절규를 감상해 보기로 한다. "해풍이 흔들어도/ 깊은 뿌리를/ 건드리지 못하니// 자유롭게 살겠노라/ 부르짖는/ 울음의 빛깔인가// 선연하여/ 더 슬픈/ 동백꽃 모가지" (「동백」 전문) "햇빛 한 줄기 지나갈 때// 풀잎에 앉아 졸고 있는 고추잠자리// 소낙비 한줄기에 한기 든 여치// 꽁지 묶인 잠자리 속박을 걷어

차고// 항해를 시작하는 저 먼 바다// 떠남은 아쉬움을 남기고// 하얀 물거품으로 피어나다// 그리움의 포효는" (「자유」 전문)

3

다음의 시 「서원의 뜰」은 시간의식과 공간 의식을 바탕으로 한 시인의 정서를 읽을 수 있다.

유림의 글 읽는 소리 대신에
뒹구는 낙엽소리가 있다
가을을 빗질하는 작은 바람 속에
오래된 나무문이 삐꺽삐걱
녹슨 나사소리를 내고 있다
햇살이
나뭇가지를 뜰 가운데 드러내고 있다
옛것을 취하고자 하는 것은
나의 곤궁이 아니겠지만
그리운 것의 하나다
묵은 먹물이 낡아서 희미한
목판의 세월을 감지하고
목례하는 그림자 흔들린다

— 「서원의 뜰」 전문

이 시는 첫 행부터 5행까지 섬세하고 잔잔하게 그려진

한 폭의 풍경화를 떠올리게 한다. 6행에서 "햇살이" 환기하는 정서는 풍경의 경계이며, 자아의 세계를 연결시켜 주는 통로가 된다. "나뭇가지를 뜰 가운데 드러내고 있다"에서 햇빛은 풍경을 추방하고 현실을 인식하게 하는 기본적인 재료인 것이다. "옛것을 취하고자 하는" 것을 뒤이어 구체화하지 않고 "나의 곤궁이 아니겠지만"이라고 하여 변명의 뉘앙스를 공존할 수밖에 없는 것은 "그리운 것의 하나다"에서 완전한 세계의 실체를 이루기 위한 것이다. 그리하여 존재하는 "묵은 먹물"과 조응하는 "목판의 세월"은 관심을 갖지 않으면 포착하기 힘든 미시적인 대상들이다. 이러한 심상은 동양적인 "목례"의 의식으로 서정시가 가질 수 있는 독특한 영역을 구축했다고 평가된다.

이러한 구축은 「새벽시장에서」 생성의식으로 '이슬'의 상징성을 획득한다. "이슬은// 호박잎을 따서/ 시장 바닥에 앉아/ 가지, 고구마줄기의 가을이야기/ 한창이다// 이슬은// 예전같이 붐비지 않는/ 시장 풍경에 당황한/ 홍당무와 고추를 달래고// 이슬은// 시장바구니에 실려 나간/ 애호박 서너 개 자리에/ 다시 장場을 펴는/ 채소장 할머니의 푸념을/ 쟁기질한다"(「새벽시장에서」 전문) 따라서 이 시의 정서는 제재로서 '이슬'은 추상적이지만, 보다 구체적인 삶의 근원인 '새벽시장'과 동등한 개념을 갖는다. "그 청춘은/ 봄날이었네// 아지랑이처럼 피었다가 사라지는/ 나비처럼 훨훨 날았다가 사라지는// 꽃인가 하여/

꺾으려다 보면// 더 멀어져/ 아련하기만// 봄날이었네/ 그 청춘"(「그리움」 전문)에서 눈여겨보면, '청춘'은 자신을 돌아보게 하는 거울 상징의 의미를 지닌다. 즉, 자기의 삶을 돌아보는 그리움의 공간으로 제시되고 있는 것이다.

> 지천으로 퍼져 나가는 향기
> 무無
> 소리 없이 쌓이고 있다
>
> 사찰의 장독대가
> 된장 맛 하얗게 익히고 있다
> 조상 대대로 내려오는 맛
> 유有
>
> 순수의 맏물
> 눈目 부시다
>
> —「첫눈」 전문

「첫눈」은 자연 이미지로서의 하늘과 물과 정서적 상관물인 장독대가 연결되어 맛을 창조하는 속성을 띈다. 무無와 유有는 '없다'와 '있다'라는 대립의 관계가 아니라 시적 화자의 철학적 요소로서 '순수'를 재건하는 데 쓰이고 있다. 전체적으로 보면, '무無→유有'의 관계로 변화했으나 서로 상생관계로서 조화를 이루었음을 볼 수 있다. 시인은 이 작품에서 어떤 인위적인 조작이 아니라 자연스럽게 자연에 감응하여 자연스럽게 일어나고 있음을 말하고 있다.

오징어 먹물에다
롤 속에 매달리는
머리카락 처신 보소

묻어나는 열기로
무엇이 될까
거울 속이 궁금한데

…… 중략……

머릿결의 나염이 부드러울 때
먹통을 떼 낸 오징어
잘도 삶아져 접시에 올랐다

—「미용실에서」 일부

이 시는 일상시의 성격을 띠고 있다. "오징어 먹물에다/ 롤 속에 매달리는/ 머리카락 처신 보소"에서 대응 방식 풍자와 "머릿결의 나염이 부드러울 때/ 먹통을 떼 낸 오징어/ 잘도 삶아져 접시에 올랐다"의 아이러니가 사실을 재현하는 일반화 이미지의 상태를 환기한다. "흰 비닐포장을 뜯었다/ 정구지가 야들야들 웃는가 싶더니/ 아래로 내려갈수록 처져 앉았다/ 제대로 먹지 못하고/ 시들

시들 싹, 가신 맛/ 립스틱을 지웠다/ 희기는커녕 검푸르다"(「비닐포장」 전문)는 시의 언어가 일상적 의미의 지시 기능을 거부하고 능동적인 시인의 상상력에 의해 떠오른 '립스틱'의 이미지가 '비닐포장'의 상징체계를 이루었다. 시에 내재하는 정서적 효과의 극대화를 이루었다고 할 수 있겠다.

아날로그 알람의 줄기찬 아우성에도
강력본드를 붙인 것 같던 눈꺼풀
겨우 들은 체한다

반신반의하는 몸을 이리저리 뒤집고
먼저 설레발치는 마음을 뒤척거리다가
이불을 떨쳐내니 번쩍 뜨이는 눈
멍한
휘장을 척 걷어낸다

문턱 앞에 와 있는 아침을
서둘러 맞이하고
밥 짓는 손이 마음보다 바쁘다

눈보다 손인지
손보다 눈인지
순서를 정하지 않고 일하던
부지런한 언니가 생각이 난다

—「그날 아침」 전문

「그날 아침」의 첫 연은 늦잠의 경계이다. 둘째 연은 선잠을 깨려는 몸부림이고, 셋째 연은 부엌 풍경이며, 넷째 연은 그리움이다. 일반적으로 '눈꺼풀'은 본다는 것과 가깝다. 그러나 "겨우 들은 체한다"고 하여 눈을 뜨지 않는 행위로 나타나고 있다. 시인의 언어와 직관의 결합은 삶의 테두리로부터 그리움을 재생해 내는 신선함을 보이고 있다. 게으름의 역설일 것 같은 '바쁘다'는 시어를 연결하여 "눈보다 손인지/ 손보다 눈인지"라고 하는 고뇌의 형질을 드러내고 인간의 근원적인 그리움으로 환기하고 있다는 점은 시적 흥미를 이끌기에 충분하다.

4

시인은 여행을 통해 영화의 한 장면처럼 큰 배경을 따라 움직이다가 작은 것으로 초점을 집중시키는 수법의 의미를 갖기도 한다.

> 무작정 떠난
> 길 위의 여행에서 멈춘
> 동해 앞 저만치
> 물구나무를 섰다가 사라지는 물갈퀴
>
> 아무 일 없다는 듯 출렁거리는
> 바다 위에
> 망원렌즈를 고정시키고

내 마음은 바다 밑을 수소문한다

잠잠하다

나는
보여주지 않은 네 마음을 잘 안다고
텅텅 큰소리를 쳤다가
아무것도 몰랐음에 더 슬펐던 죽음을 생각한다

바다는
항상 여운을 주었다가
싹 지워버리고 사라졌다

가까이 갈 수 없는
그 이후의 두려움에 갖다 대는
카메라 앞에 동그라니 까만
바다가 떠올랐다

망태기에 담아 뭍에다 놓을 때까지
까만 점 하나가
전부 바다였다, 그날

—「무제無題」 전문

이 시가 주는 느낌은 슬픔이다. "물구나무를 섰다가 사라지는 물갈퀴"는 시인의 슬픈 심상을 인식하게 한다. 스스로 사라지는 것을 감지한 것은 "아무것도 몰랐음에 더 슬펐던 죽음"에 대한 울림의 변형이다. 어떤 이별을 모티

브한 것인지 여부는 알 수 없지만, 그 어느 누구의 죽음이든 그 죽음의 묘사에서 시적 자아가 지향하는 방향이 바다로 확장되면서 불완전함에 연유하고 있다. 자아와 세계와의 갈등은 바다 공간의 부정적 의미가 내포되어 있는 체계이다. 이러한 체계에서 고립된 자아의 의식은 '두려움'으로 표출되고, 그러한 두려움은 "망태기에 담아 뭍에다 놓을 때까지"라는 시간의 흐름을 사용하여 이동성을 내비친다. 하지만 "까만 점 하나가/ 전부 바다였다, 그날"에서 느껴지는 것은 몽환적인 슬픔으로 나타나며 현실에 대한 공허감으로 작용한다.

맑은 수정체 반짝반짝
천진난만한 예쁜 눈

작은 손으로 숨기는 수줍은 미소는
손등에 까만 때 있던
그때를 떠올린다

태양보다 뜨거운 아스팔트는
부서져
그 손
맨손마저 벌려 쓰는 가난에도
웃는 아이들

무엇을 알아들었는지
무엇을 말했는지

몰라도 좋은
우리 사이

카메라 렌즈를 맞추는
초점 앞에 나란히 섰다

찰칵

나의 지난 과거 같은
오늘의 미얀마 아이들은
앨범 속으로 한 편의 시가 되어 떠났다

—「미얀마에서」 전문

여행은 나를 만나러 가는 것이라고 하였다. "작은 손으로 숨기는 수줍은 미소"에서 미처 손등에 까만 때를 숨기지 않는 순수를 엿볼 수 있다. 여기서 인간적인 휴머니티를 구하는 대목은 "손등에 까만 때 있던"에서 '있던'이다. 그 아이의 손등 때가 아닌 나의 어릴 적 손등 때를 그려놓은 것이다. '역지사지易地思之'의 표현이라고 할 수 있겠다. 이리하여 긴장 없이 "우리 사이"가 되어 "초점 앞에 나란히 섰다"는 새로운 공간을 열고 있다. 이러한 공간 속에서 '찰칵'하는 의성어는 현재 상황을 포착하여 시적 형상화를 꾀하는 것이다. 시인은 여행에서의 만남에서 이루어지는 행위는 단순한 운명적인 이해에서 오는 것이 아니라 근원적인 자아의 모습임을 시사하고 있다.

5

제근희 시인의 시편들은 들뜸을 가라앉힌 낭만적 정서가 깔려 있다. 이것은 다름 아닌 세련미이며, 삶의 본질에 대한 깊이에서 시를 대하는 시적 태도라고 볼 수 있다. 시인의 의식의 내부를 외면하지 않는 것이 시라고 한다면, 상상력이 크게 뒷받침되어 있는 작품들을 배출할 것이라 믿는다.